Bilanzanalyse und Jahresabschluss. Praktische Veranschaulichung des Kennzahlen- und Controllingsystems

Jonas Fürst

Bibliografische Information der Deutschen Nationalbibliothek:

Die Deutsche Nationalbibliothek verzeichnet diese Publikation in der Deutschen Nationalbibliografie; detaillierte bibliografische Daten sind im Internet über http://dnb.d-nb.de abrufbar.

ISBN: 9783346666840
Dieses Buch ist auch als E-Book erhältlich.

© GRIN Publishing GmbH
Nymphenburger Straße 86
80636 München

Druck und Bindung: Books on Demand GmbH, Norderstedt Germany
Gedruckt auf säurefreiem Papier aus verantwortungsvollen Quellen

Das Buch bei GRIN: https://www.grin.com/document/1215798

Deutsche Hochschule für
Prävention und Gesundheitsmanagement
Hermann-Neuberger-Sportschule 3
66123 Saarbrücken

Hausarbeit

Name, Vorname	Fürst, Jonas
Studiengang	Prävention und Gesundheitsmanagement (M.A.)
Studienmodul	Finanzen und Controlling III
Datum Präsenzphase (siehe Ergebnisdokumentation)	13.09.2021 – 15.09.2021

Inhaltsverzeichnis

1 Bilanzanalyse

Die folgende Hausarbeit setzt sich mit dem mittelständischen Unternehmen Lönneberger GmbH und dessen Konkurrent Malefits GmbH auseinander. Beide Unternehmen bieten Dienstleistungen im Bereich betriebliches Gesundheitsmanagement an. Als Leiter der Controllingabteilung ist es meine Verantwortung in den folgenden Aufgabenstellungen die Unternehmensführung der Lönneberger GmbH sinnvoll und erfolgreich zu beraten.

1.1 Kennzahlen

<u>Lönneberger GmbH:</u>

Deckungsgrad 1 = (Eigenkapital : Anlagevermögen) x 100

$\qquad$ 120 = (Eigenkapital : 725.000) x 100

$\qquad$ 1,2 = Eigenkapital : 725.000

Eigenkapital = 870.000

Verschuldungsgrad = (Fremdkapital : Eigenkapital) x 100

$\qquad$ 24 = (Fremdkapital : 870.000) x 100

$\qquad$ 0,24 = Fremdkapital : 870.000

Fremdkapital = 208.800

Eigenkapitalrentabilität = (Gewinn : Eigenkapital) x 100

$\qquad$ 15 = (Gewinn : 870.000) x 100

Gewinn = 130.500

Umsatzrentabilität = (Gewinn : Umsatz) x 100

$\qquad$ 16 = (130.000 : Umsatz) x 100

$\qquad$ 0,16 x Umsatz = 130.500

Umsatz = 815.625

Fremdkapitalrentabilität = (Fremdkapitalzinsen : Fremdkapital) x 100

$\qquad$ 10 = (Fremdkapitalzinsen : 208.800) x 100

Fremdkapitalzinsen = 20.880

ROI = ((Gewinn + FKZ) : (Umsatz)) x 100 x (Umsatz: Gesamtkapital)

= ((130.500 + 20.880) : 815.625) x 100 x (815.625 : 1.078.800)

ROI = 14,03

Malefits GmbH:

Formeln zum Einsetzen der Werte und Auflösen zum gesuchten Wert analog wie bei obigen Kennzahlen der Lönneberger GmbH.

Eigenkapital:

33 = (Eigenkapital : 100.000) x 100

Eigenkapital = 33.000

Fremdkapital:

520 = (Fremdkapital : 33.000) x 100

Fremdkapital = 171.600

Gewinn:

-20 = (Gewinn : 33.000) x 100

Gewinn = -6.600

Umsatz:

-7 = (-6.600 : Umsatz) x 100

-0,07 x Umsatz = -6.600

Umsatz = 94.285,71

Fremdkapitalzinsen:

10 = (Fremdkapitalzinsen : 171.600) x 100

Fremdkapitalzinsen = 17.160

ROI:

ROI = ((-6.600 + 17.160) : 94.285,71) x 100 x (94.285,71 : 204.600)

ROI = 5,16

1.2 Bericht für die Geschäftsführung

„Der Vergleich mit den größtenteils desolaten Kennzahlen der Konkurrenz lässt erkennen, dass wir in einer anderen Liga spielen. Deshalb gibt es keinen Grund, sich weiterhin mit dem Wettbewerber zu befassen."

Die obige Aussage meiner Mitarbeiter sehe ich als sehr leichtsinnig und überheblich formuliert an und stimme dieser auf keinen Fall zu. Dafür gibt es mehrere Gründe, welche im Folgenden erläutert werden.

Die Lönneberger GmbH existiert schon seit über 20 Jahren und ist unangefochtener Marktführer der Region. Sehr gute Kennzahlen sind somit die logische Konsequenz. Die Malefits GmbH hingegen ist ein Start-up welches erst seit drei Jahren existiert, demzufolge können die Kennzahlen nicht so gut wie bei der Lönneberger GmbH sein, da sich das Unternehmen erst in der Anfangsphase befindet. Folglich sind die Investitionen und Schuldbegleichungen bei der Malefits GmbH verhältnismäßig hoch. Erst nach mehreren Jahren wird das Unternehmen positive Gewinne erwirtschaften können. Dementsprechend sehen die Kennzahlen der Maleftis GmbH auf den ersten Blick nicht gut aus, was aber in den ersten Jahren bei vielen Unternehmen der Fall ist. Der Vergleich beider Unternehmen hinkt also, da sie sich in zwei total unterschiedlichen Stadien befinden.

Es macht in meinen Augen wenig Sinn Kennzahlen unseres längjährigen Unternehmens mit Kennzahlen eines Start-ups zu vergleichen. Vielmehr sollte die Entwicklung der Kennzahlen der Malefits GmbH genau unter die Lupe genommen werden, um so feststellen zu können, ob sie in den kommenden Jahren eine Konkurrenz darstellen könnten. Desweiteren könnte man auch unsere damaligen Kennzahlen (drei Jahre nach Unternehmensgründung) mit den aktuellen Zahlen der Malefits GmbH vergleichen, um so einen adäquaten Vergleich zu haben und eventuelle Rückschlüsse ziehen zu können. Das bloße Betrachten von Kennzahlen kann schnell einen falschen Eindruck erwecken. Aus diesem Grund sollten Kennzahlen immer verhältnismäßig betrachtet werden, damit realistische Einschätzungen getroffen werden können.

1.3 Gewinn

Der in der Bilanz ausgeschriebene Gewinn eines Unternehmens eignet sich definitiv nicht zur alleinigen Beurteilung des Unternehmenserfolgs, weil der Gewinn nur eine beschränkte Aussagekraft über die Ertragslage des Unternehmens hat. Vielmehr zeigen Rentabilitätskennzahlen die Verhältnisse vom Gewinn zum Eigen-, Gesamtkapital oder Umsatz und messen so die Ertragskraft eines Unternehmens (Gerginov, 2021).

Eine bestimmte Kennzahl zur alleinigen Beurteilung des Unternehmenserfolgs zu nehmen macht meiner Meinung nach wenig Sinn, da immer mehrere Kennzahlen betrachtet und im Verhältnis miteinander verglichen werden sollten. Bezogen auf den Vergleich zwischen der Lönneberger GmbH und der Malefits GmbH hat der deutliche Unterschied hinsichtlich des Gewinns keine große Aussagekraft. So kann beispielsweise der negative Gewinn der Malefits GmbH (-6.600€) damit begründet sein, dass das Start-up mit seinen Gewinnen restliche Schulden tilgt und weitere neue und teure Investitionen getätigt hat. Der Gewinn unserers Unternehmens (130.500€) scheint auf den ersten Blick immens höher als der Gewinn der Konkurrenz. Der Gewinn sollte immer im Verhältnis zum Umsatz betrachtet werden (Gerginov, 2021); dieser ist bei unserem Unternehmen wesentlich höher als bei der Malefits GmbH und somit ist es nicht verwunderlich, dass auch der Gewinn deutlich höher ausfällt. Weiter ist zu beachten, dass die Lönneberger GmbH bereits ein großes und ausgereiftes Unternehmen ist, welches eben nicht mehr in der Anfangsphase steckt. Auch wir müssen stets neue Investitionen tätigen um weiterhin attraktiv für unsere Kunden zu sein, allerdings sind aufgrund unseres langjährigen Bestehens keine enorm hohen Anfangsinvestitionen mehr zu tätigen. Übertrieben gesprochen könnte der Gewinn der Malefits GmbH ähnlich hoch gewesen sein wie unser Gewinn, jedoch fließt ihr kompletter Gewinn in neue Investitionen, Schuldbegleichungen etc. um das junge Unternehmen zunächst einmal aufzubauen. So scheint es bei der alleinigen Betrachtung des Gewinns, dass die Malefits GmbH klar abgeschlagen hinter uns liegt und für uns keine ernsthafte Konkurrenz darstellt. Diese Annahme, wie oben beschrieben, täuscht und es müssen definitiv weitere Kennzahlen verglichen und untersucht werden, um einen aussagekräftigen Vergleich beider Unternehmen zu erhalten.

Abschließend kann man festhalten, dass jedes Unternehmen Gewinne erzielen möchte. Jedoch können Unternehmen auch viel Gewinn machen, in dem sie verhältnismäßig viel Kapital investieren. Erfolgreich und nachhaltig gewirtschaftet haben sie in dem Fall nicht unbedingt, da es, wie bereits erwähnt, auf die Rentabilität als Verhältnis zwischen Erfolgsgröße und Kapital ankommt.

2   Kennzahlensystem & Controllingsystem

Anmerkung: Alle Planzahlen für 2020 in dieser Aufgabe beziehen sich immer auf den Vergleich zum Vorjahr, sprich 2019.

2.1   EKR-Controllingsystem

Planzahlen für 2020:

Eigenkapitalrentabilität: 17%

Umsatzsteigerung: 10%

830.250 € → **913.275 €**

Fixkostensteigerung: 6%

500.000 € → **530.000 €**

Eigenkapital: unverändert

EKR = (Gewinn : Eigenkapital) x 100

17 = (Gewinn : 880.000) x 100

Gewinn = 149.600 €

Gewinn = Umsatz – Kosten

149.600€ = 913.275€ - Kosten

Kosten = 763.675 €

Kosten = Fixkosten + Variable Kosten

763.675€ = 530.000€ + Variable Kosten

Variable Kosten = 233.675 €

Variable Kosten 2020 – Variable Kosten 2019

233.675€ - 210.880€ = **22.795 €**

Die variablen Kosten dürfen 2020 um **maximal 22.795€** (maximal 10,81%) im Vergleich zum Vorjahr ansteigen, damit 2020 eine Eigenkapitalrentabilität von 17% erreicht wird.

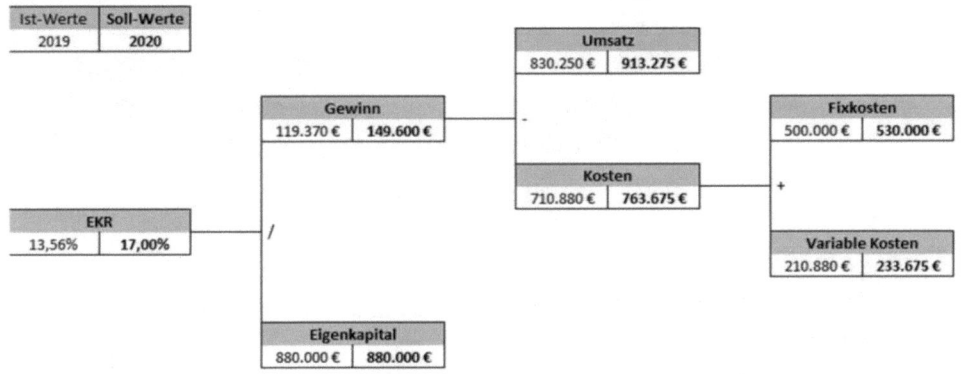

Abb. 1: EKR-Controllingsystem der Lönneberger GmbH für das Jahr 2020

Die Abbildung 1 zeigt das EKR-Controllingsystem der Lönneberger GmbH für das Geschäftsjahr 2020. Darin enthalten sind die bereits oben berechneten Planzahlen für 2020 (Soll-Werte) sowie wie die Kennzahlen von 2019 (Ist-Werte).

2.2 Stakeholder vs. Shareholder

Herr Lönneberger ist Gründer, Geschäftsführer und alleiniger Gesellschafter des Unternehmens und verfügt somit über die alleinige Entscheidungsgewalt. Er verfolgt mit seinem Unternehmen eher den Shareholder-Ansatz.

Der Shareholder-Ansatz besagt, dass unternehmerische Entscheidungen so zu treffen sind, dass die Einkommens- und Vermögensposition der Anteilseigner stetig verbessert wird (Wöhe & Döring, 2010, S. 50).

Das Unternehmen existiert seit über 20 Jahren und ist unangefochtener Marktführer in der Region. Zwar sind die Kunden mit den Leistungen zufrieden, jedoch werden die Preise der Lönneberger GmbH als ziemlich hoch empfunden. Herr Lönneberger beharrt auf den teuren Preisen und gerechtfertigt das mit der hohen Qualität der Dienstleistungen. Er konzentriert sich ganz klar auf die langfristige Maximierung des Vermögens der Eigentümer; in dem Fall nur auf sein eigenes Vermögen. Er vernachlässigt bewusst das Interesse der Kunden, die Preise etwas nach unten anzupassen, um so stets mehr Gewinn für sich und sein Unternehmen erwirtschaften zu können. Er wird somit für seine Risikobereitschaft sein eigenes Kapital einzusetzen angemessen entlohnt (Zahn, Bullinger & Gagsch, 2009, S. 202). Wie in Aufgabe 2.1. bereits ermittelt, legt Herr Lönneberger den

Fokus auf die Steigerung der Eigenkapitalrentabilität. Dies ist ein weiterer Hinweis dafür, dass er eher den Shareholder-Ansatz verfolgt, da ihn vielmehr die Verzinsung des Eigenkapitals interessiert, das eingesetzte Fremdkapital in seinen Augen jedoch keine zentrale Kennzahl einnimmt (Müller-Stewens & Lechner, 2005, S. 245; zitiert nach Schlaffke & Plünnecke, 2021, S. 23).

Auf Basis der bisher gegebenen Informationen kommt man zu dem Schluss, dass Herr Lönneberger mit seinem Unternehmen Lönneberger GmbH den Shareholder-Ansatz verfolgt, da sein Unternehmensführungskonzept in vielen Punkten mit dem Shareholder-Value-Konzept übereinstimmt.

2.3 GKR-Controllingsystem

Neue Planzahlen für 2020:

Umsatzsteigerung: 10%

830.250 € → **913.275 €**

Fixkostensteigerung: 10%

500.000 € → **550.000 €**

Variable Kosten Steigerung: 10%

210.880 € → **231.968 €**

Reduktion Vorräte: 4%

50.998,00 € → **48.958,08 €**

Steigerung Forderungen: 7,5%

181.250,00 € → **194.843,75 €**

Liquide Mittel: unverändert

Reduktion Grundstücke und Gebäude: 15%

→ Abschreibungsbetrag vollständig reinvestieren in Vermögenswerte

523.000 € → **444.550 €**

Steigerung Vermögenswerte: 78.450 €

523.000 € - 444.550 € → 78.450 €

125.825 € + 78.450 € → **204.275 €**

Reduktion BGA: 4%

175.895,00 € → **168.859,20 €**

Reduktion Fremdkapitalzinsen: 5%

20.880 € → **19.836 €**

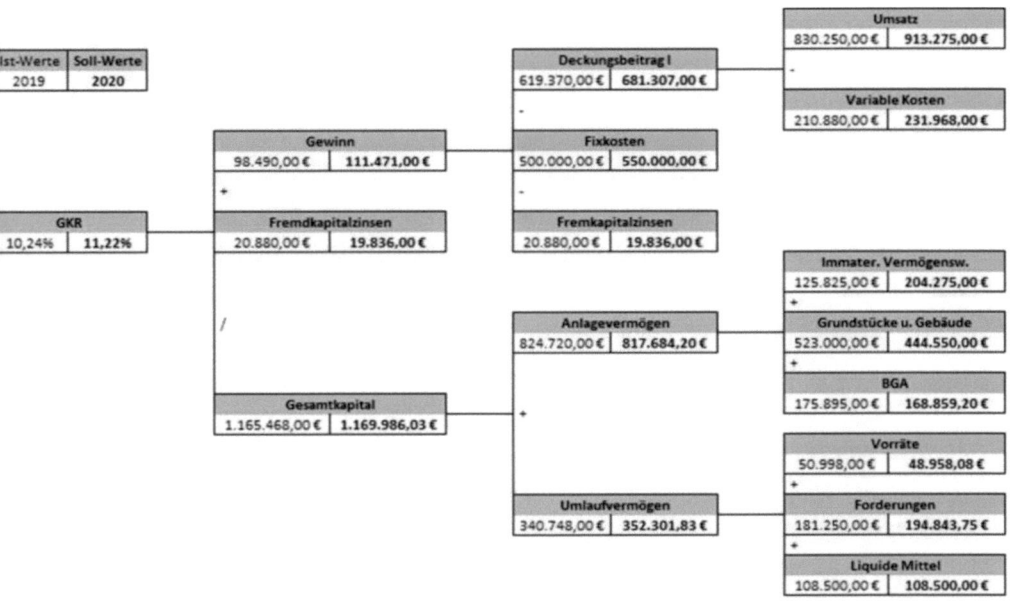

Abb. 2: GKR-Controllingsystem der Lönneberger GmbH für das Jahr 2020

Die Abbildung 2 zeigt das GKR-Controllingsystem der Lönneberger GmbH für das Geschäftsjahr 2020. Darin enthalten sind die bereits oben berechneten Planzahlen für 2020 (Soll-Werte) sowie wie die Kennzahlen von 2019 (Ist-Werte).

2.4 Die Balanced Scorecard als Alternative zum Controllingsystem

Die Balanced Scorecard (kurz „BSC) ist ein Instrument zur strategischen Steuerung von Organisationen, welches mithilfe von Ursache-Wirkungs-Beziehungen Ziele, Strategien und Maßnahmen verbindet (Alt, 2003, S. 5). Es werden kurz- und langfristige Ziele sowie vergangenheitsbasierte Kennzahlen und zukunftsorientierte Indikatoren berücksichtigt. Im Gegensatz zum GKR-Controllingsystem baut die BSC sowohl auf monetäre als auch auf nicht-monetäre Größen auf (Alt, 2003, S. 5).

Bezogen auf die Idee von Herrn Lönneberger junior das GKR-Controllingsystem in seinem Unternehmen abzuschaffen und durch eine BSC zu ersetzen lassen sich jedoch viele kritische Punkte erkennen, die gegen seinen Vorschlag sprechen. So ist die Balanced Scorecard sehr aufwendig und beinhaltet viele komplexe Zahlen. Durch die enorme Komplexität müssen viele Ressourcen (Zeit, Personal, Geld etc.) hineininvestiert werden. Desweiteren wird auch die Akzeptanz der Mitarbeiter, welche essentiell für eine solide BSC ist, in Frage gestellt, da trotz des Top-down-Ansatzes die BSC auf die aktive Mitarbeit der jeweiligen Mitarbeiter angewiesen ist (Baus, 1996, S. 194; zitiert nach Schlaffke & Plünnecke, 2021, S. 181).

Für die Lönneberger GmbH erscheint die BSC nach Auflistung der Kritikpunkte keine sinnvolle Alternative zum GKR-Controlingsystem. So ist die Lönneberger GmbH als mittelständisches Unternehmen zu klein um eine Balanced Scorecard durchzuführen, damit diese dann auch sinnvoll und nachhaltig genutzt werden kann. Es ist mit Sicherheit fraglich inwieweit sich die nötigen Ressourcen, welche für die BSC benötigt würden, sich langfristig für das Unternehmen lohnen würden.

In meinen Augen erscheint es mir nicht sinnvoll, das GKR-Controllingsystem der Lönneberger GmbH abzuschaffen und durch eine BSC zu ersetzen. Die Einfachheit des GKR-Controllingssystems und die Komplexität der BSC sprechen eindeutig für das GKR-Controllingsystem. Zusätzlich zum GKR-Controllingsystem könnte beispielsweise noch ein monatliches Reportiung-System erstellt werden, welches Herr Lönneberger junior eine Steuerung der wesentlichen Erfolgsfaktoren ermöglicht und so den erhofften weiteren Unternehmenserfolg sorgfältig dokumentiert.

3 Interpretation und Handlungsempfehlungen

In den folgenden Ausführungen wird die aktuelle wirtschaftliche Situation der Malefits GmbH dargestellt und ein ausführlicher Bericht der jüngsten wirtschaftlichen Entwicklung erstellt, auf dessen Grundlage eine abschließende Bewertung folgt.

Tab. 1: Wirtschaftliche Entwicklung der Malefits GmbH anhand fünf Kennzahlen

Kennzahl \ Jahr	2019	2020
Änderungsrate des Umsatzes	100,67%	3,07%
Eigenkapitalrentabilität	8,09%	46,35%
Cashflow-Umsatzrendite	9,09%	19,74%
Liquidität 1. Grades	15,27%	175,25%
Schuldentilgungsdauer	13,88	4,66

Änderungsrate des Umsatzes = ((Umsatz Geschäftsjahr : Umsatz Vorjahr) - 1) x 100

Eigenkapitalrentabilität = (Gewinn : Eigenkapital) x 100

Cashflow-Umsatzrendite = (Cashflow : Umsatz) x 100

Liquidität 1. Grades = (Zahlungsmittelbestand : kurzfr. Verbindlichkeiten) x 100

Schuldentilgungsdauer = (Fremdkapital – flüssige Mittel) : Cashflow

Die Tabelle 1 zeigt fünf geeignete Kennzahlen, mithilfe deren die wirtschaftliche Situation des Unternehmens sinnvoll beurteilt werden kann.

Die Änderungsrate des Umsatzes ist eine wichtiger Indikator bezüglich der Absatzlage eines Unternehmens. Sinkende Umsätze sind normalerweise ein klares Zeichen für bestehende Absatzschwierigkeiten (Engel-Bock, 1997, S. 131; zitiert nach Schlaffke & Plünnecke, 2021, S. 82). Bei der Malefits GmbH ist die Änderungsrate des Umsatzes im Jahr 2019 exorbitant hoch. Dies hängt sicher damit zusammen, dass das Unternehmen noch sehr jung ist und die Umsätze noch nicht sehr hoch sind. Somit ist eine Verdopplung der Umsatzerlöse in den ersten Jahren nach Unternehmensgründung viel eher realistisch als zu späterer Zeit. Zwar ist die Änderungsrate des Umsatzes im Jahr 2020 mit knapp 3% nicht extrem hoch, allerdings fällt auf, dass der Gewinn von 2019 zu 2020 sich gut verzehnfacht hat trotz steigender Kosten. Es ist eine enorme Steigerung, die allerdings nicht überbewertet werden sollte, da die reine Gewinnentwicklung eines Unternehmens nur eine beschränkte Aussagekraft über die Ertragslage eines Unternehmens hat (Gerginov, 2021). Die extreme Gewinnsteigerung hängt hauptsächlich mit der Veräußerung der Schutzrechte zusammen; ohne sie wäre kein positives Unternehmensergebnis 2020 entstanden. Eine stetige Umsatzsteigerung ist sehr wichtig und essentiell für eine nachhaltige und positive wirtschaftliche Entwicklung eines Unternehmens (Wehrheim & Schmitz, 2005, S. 143). Diese permanente Umsatzsteigerung ist bei der Malefits GmbH klar zu erkennen und signalisiert ein gute Auftragslage.

Die Eigenkapitalrentabilität betrug im Jahr 2018 noch -20% und im Jahr 2020 beachtliche 46,35%, was einer Steigerung von über 65% in drei Jahren entspricht. Auch diese Entwicklung ist als äußerst positiv zu bewerten und stellt besonders für Investoren eine wichtige Rolle dar, da eine hohe Eigenkapitalrentabilität für sie ein Indiz ist, ob eine Investition in das Unternehmen rentabel ist (Wildt, 2021). Nach der Beurteilungsskala des Quick-Tests (Stiefl, 2005, S.102) wird eine Eigenkapitalrentabilität über 30% als „sehr gut" bewertet. Ein Jahr zuvor (2019) wäre die Bewertung noch mit dem Prädikat „schlecht" (<10%) bewertet worden.

Die Cashflow-Umsatzrendite gibt an, wie viel Prozent der Umsatzerlöse für neue Investitionen, Kredittilgungen o.ä. vorliegen. Sie ist ein guter Indikator für die operative Ertrags- und Finanzierungskraft eines Unternehmens (reimus.NET GmbH, 2018). Hier liegt etwas mehr als eine Verdopplung des Prozentsatzes (von 9,09% auf 19,74%) innerhalb eines Jahres vor. Auf der Beurteilungsskala des Quick-Tests wird alles über 10% als „sehr gut" bewertet. Eine weitere Kennzahl, die die positive Entwicklung der Malefits GmbH verdeutlicht.

Als vierte geeignete Kennzahl habe ich die Liquidität 1. Grades des Unternehmens genauer unter die Lupe genommen. Sie sagt aus zu wie viel Prozent die liquiden Mittel die kurzfristigen Verbindlichkeiten abdecken (Preißler, 2008, S. 143; zitiert nach Schlaffke & Plünnecke, 2021, S. 76). Die Literatur empfiehlt hier eine Zielvorgabe von 10% bis 30% (Perridon & Steiner, 2007, S. 547). Bei der Malefits GmbH ist der Wert im Jahr 2020 exorbitant hoch (175,25%), was selbstverständlich für eine gute kurzfristige Liquidität des Unternehmens spricht. Das Unternehmen kann somit ohne Probleme seine kurzfristigen Verbindlichkeiten begleichen. Generell sollte die Liquidität jedoch nicht extrem hoch sein, da eine unnötig hohe Liquidität zulasten der Rentabilität geht (Perridon & Steiner, 2007, S. 547).

Die fünfte genauer betrachtete Kennzahl ist die Schuldentilgungsdauer. Sie gibt die Zeit an, nach der das Unternehmen in der Lage ist, seine Schulden zurückzuzahlen und ist somit gemeinsam mit der Eigenkapitalrentabilität ein Zeichen für finanzielle Stabilität

(Stiefl, 2005, S. 102). War 2019 die Schuldentilgungsdauer bei der Malefits GmbH noch sehr schlecht, so liegt sie im Jahr 2020 schon bei nur 4,66 Jahren. Laut der Beurteilungsskala des Quick-Tests ist dieser Wert mit „gut" bewertet. Logischerweise machen Unternehmen in ihrer Anfangsphase Schulden, welche sie nicht sofort begleichen können. Umso besser ist die klare positive Entwicklung dieser Kennzahl bei der Malefits GmbH, welche das Unternehmen auf eine rasche Schuldenbegleichung hinarbeiten lässt.

Es ist klar zu sehen, dass die Malefits GmbH ein aufstrebendes und stetig wachsendes Unternehmen darstellt und die Entwicklung als positiv zu bewerten ist. Zwar ist es auffällig, dass das Betriebsergebnis sowohl 2019 als auch 2020 zunächst einmal negativ ist, jedoch mithilfe neutraler Erträge ausgeglichen bzw. sogar zu einem positiven Unternehmensergebnis wird. Die Umsatzsteigerung von 2019 auf 2020 um ca. 3% ist mit Sicherheit ausbaufähig, allerdings muss man auch bedenken, dass im Jahr 2018 der Umsatz noch bei nur knapp 94.000 € (siehe Aufgabe 1.1) lag und seitdem deutlich gesteigert wurde.

Zusammenfassend komme ich zu dem Schluss, dass die Malefits GmbH ein vielversprechendes Unternehmen ist und ich somit Herr Lönneberger junior einen Kauf klar empfehlen würde. Nach Betrachtung aller ausführlich dargestellten Kennzahlen sowie einer weiteren intensiven Beschäftigung mit allen weiteren Kennzahlen erkenne ich eine klare positive Entwicklung der jüngsten wirtschaftlichen Situation des Unternehmens. Meines Erachtens sollte immer die Entwicklung und nur in Ausnahmefällen ein einzelnes Jahr gesondert betrachtet werden. Der positive Trend der Malefits GmbH spiegelt sich in allen Kennzahlen wider. Soweit ich das einschätzen kann, sehe ich die Entwicklung der Malefits GmbH auch in den kommenden Jahren als sehr positiv an. Dies ist auch ein Grund, warum ich Herr Lönneberger junior empfehle einen möglichen zukünftigen Konkurrenten noch in der Anfangsphase zu kaufen und einzuverleiben, bevor der Konkurrent zu mächtig wird. Natürlich ist solch ein Vorhaben immer mit einem gewissen Risiko verbunden, allerdings steht das Risiko in keinem Verhältnis zu einer möglichen Expansion der Lönneberger GmbH.

4 Literaturverzeichnis

Alt, J. (2003). *Die Balanced Scorecard.* Besonderheiten, Möglichkeiten und Grenzen. Universität Zürich, Zürich.

Gerginov, D. (2021). *Gewinn und Rentabilität: Die Erfolgsgröße allein sagt nicht viel aus.* Zugriff am 19.09.2021. Verfügbar unter https://www.gevestor.de/finanzwis sen/boerse/anlagenanalyse/gewinn-und-rentabilitat-die-erfolgsgrose-allein-sagt-nicht-viel-aus-669266.html

Perridon, L. & Steiner, M. (2007). *Finanzwirtschaft der Unternehmung* (Vahlens Handbücher der Wirtschafts- und Sozialwissenschaften, 14., überarbeitete und erw. Aufl). München: Vahlen.

reimus.NET GmbH (2018). *Cash Flow Umsatzrendite.* Zugriff am 24.09.2021. Verfügbar unter https://www.controllingportal.de/Fachinfo/Grundlagen/Kennzahlen/cash-flow-umsatzrendite.html

Schlaffke, W. & Plünnecke, A. (2021). *Studienbrief Finanzen und Controlling III* (rev.25.034.000). Saarbrücken: Deutsche Hochschule für Prävention und Gesundheitsmanagement.

Stiefl, J. (2005). *Finanzmanagement.* München: Oldenbourg.

Wehrheim, M. & Schmitz, T. (2005). *Jahresabschlussanalyse. Instrumente Bilanzpolitik Kennzahlen* (2.,überarb. Aufl). Stuttgart: Kohlhammer.

Wildt, A. (2021). *Eigenkapitalrentabilität.* Zugriff am 24.09.2021. Verfügbar unter https://www.controllingportal.de/Fachinfo/Grundlagen/Kennzahlen/Eigenkapital rent.html

Wöhe, G. & Döring, U. (2013). *Einführung in die Allgemeine Betriebswirtschaftslehre* (Vahlens Handbücher der Wirtschafts- und Sozialwissenschaften, 25., überarbarbeitete und aktualisierte Aufl.). München: Vahlen.

Zahn, E., Bullinger, H.-J. & Gagsch, B. (2009). Neues Denken in der Unternehmensführung. In H.-J. Bullinger, D. Spath, H.-J. Warnecke & E. Westkämper (Hrsg.), *Handbuch Unternehmensorganisation.* Berlin, Heidelberg: Springer.

5   Abbildungs- und Tabellenverzeichnis

5.1   Abbildungsverzeichnis

5.2   Tabellenverzeichnis